ERNEST VISSAGUET

DEUX CENTENAIRES

5 MAI 1789 — 21, 22 SEPTEMBRE 1792

> PRIX : 50 CENTIMES
>
> ---
>
> *Au profit de la Société du Sou des écoles laïques de la ville du Puy.*

LE PUY

MARCHESSOU FILS, IMPRIMEURS

23, BOULEVARD SAINT-LAURENT

1892

DEUX CENTENAIRES

5 MAI 1789 — 21, 22 SEPTEMBRE 1792

Ernest VISSAGUET

DEUX CENTENAIRES

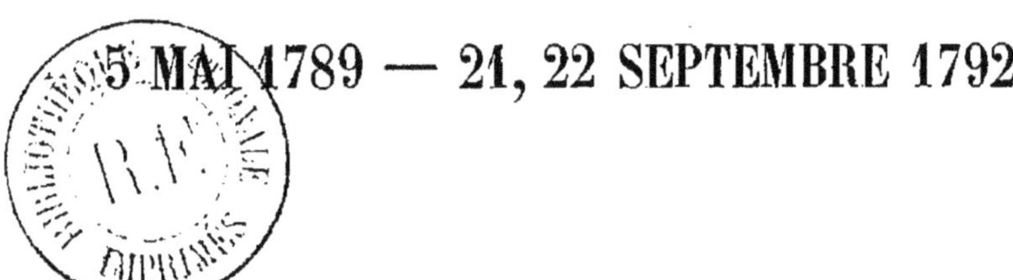

5 MAI 1789 — 21, 22 SEPTEMBRE 1792

PRIX : 50 CENTIMES

Au profit de la Société du Sou des écoles laïques de la ville du Puy.

LE PUY

MARCHESSOU FILS, IMPRIMEURS

23, BOULEVARD SAINT-LAURENT

1892

LE 5 MAI 1789

DISCOURS

PRONONCÉ AU BANQUET

DES EMPLOYÉS DE COMMERCE DU PUY

LE 5 MAI 1889

Mes chers concitoyens,

La date du 5 mai 1789 est la plus mémorable de l'histoire de France, on pourrait même dire peut-être de l'histoire du monde. Elle nous rappelle la fondation d'un ordre de choses entièrement nouveau, d'une société proclamant hautement pour la première fois qu'elle entend reposer sur la justice, la liberté et l'égalité, qu'elle substituera désormais le règne de la loi librement consentie à celui de l'arbitraire et qui nous a légué son œuvre impérissable pour la conserver, la défendre et la développer.

C'est donc une patriotique pensée qui vous a inspirés quand vous nous avez conviés tous à célébrer ici le centième anniversaire de cette grande journée et je vous en exprime ma profonde reconnaissance ; je vous prie aussi de vouloir bien me prêter pour quelques instants votre bienveillante attention ; on a bien voulu me demander de retracer à grands traits devant vous les souvenirs historiques que rappellent les premières années de notre Révolution ; c'est une tâche difficile qu'une conférence sur un aussi vaste sujet, et si je ne la remplis pas comme je voudrais moi même et comme vous êtes en droit de me le demander, vous considérerez combien elle est vaste et au-dessus de la portée d'une simple causerie.

Le 4 mai 1789, le soleil se levait radieux sur la ville de Versailles. Les États-Généraux inauguraient leur réunion par une solennelle procession qui se déroulait à travers les larges avenues de la cité de Louis XIV. En tête venaient les députés de la noblesse étincelants de broderies, portant fièrement leurs chapeaux empanachés et leurs manteaux de velours ; puis les hauts dignitaires de l'Église, évêques, abbés mitrés, dans toute la pompe de leurs vêtements sacerdotaux ; derrière eux les curés, députés du clergé comme leurs évêques, mais presque confondus par leur modeste costume avec les réprésentants du Tiers-État qui fermaient la marche ; on se montrait Mirabeau rejeté par la noblesse dans les rangs de la démocratie, Barnave, Mounier, déjà célèbres par la réunion des États du Dauphiné, Chapelier, Thouret, Duport, Malouet au milieu d'une foule d'inconnus où l'on aurait pu distinguer Pétion, Buzot, Robespierre, déjà promis à une orageuse et tragique célébrité, tandis que, dans les rangs de la noblesse, tous les regards cherchaient notre Lafayette encore entouré du prestige de ses campagnes d'Amérique.

Que devaient faire les États-Généraux ? Allaient-ils, comme la Cour et la majorité des ordres privi-

légiés l'attendaient de leur complaisante docilité, se
borner à de stériles remontrances, réformer peut-
être quelques-uns des abus de l'ancien régime et surtout combler le déficit qui avait rendu nécessaire leur
convocation, ou bien, sur une table rase, édifier un
ordre de choses conforme à la raison et à la justice?

C'est cette dernière solution que le Tiers-État
était bien déterminé à faire prévaloir.

Et, de fait, comment eût-il pu réformer une constitution qui n'existait pas, certes, je n'entend répu-
dier aucune des gloires de l'ancienne France, de la
patrie française vieille de plusieurs siècles, mais il
n'en est pas moins vrai qu'on s'est vainement efforcé
de chercher une constitution monarchique là où,
depuis plus de deux siècles, régnait sans partage le
bon plaisir royal, là où les rois eux-mêmes avaient
pris le soin de détruire tout ce qui aurait pu servir
de transition entre deux sociétés et d'extirper le
moindre embryon de libres institutions.

Permettez-moi donc d'essayer de vous montrer ce
qu'était l'ancien régime et vous reconnaîtrez combien était nécessaire et fatale l'œuvre de la grande
Constituante.

Et d'abord, les personnes : quelle garantie possédait la liberté individuelle? La Bastille, les prisons
d'État, les lettres de cachet obtenues pour les plus
minces intérêts privés, décernées par les ministres
ou leurs subordonnés, sont là pour dire ce qui pouvait atteindre, même dans les plus modestes conditions, les sujets de Sa Majesté.

Les propriétés? Dans un royaume où la personne
royale était la substance même de l'État, les propriétés des sujets ne pouvaient être que des déléga-

tions révocables consenties par le propriétaire universel de la France. Telle était, d'ailleurs, la pure doctrine féodale ; tout à l'origine avait été fief, arrière-fief, placé sous la suzeraineté du roi qui n'avait cessé d'être le seigneur suprême de la terre.

En 1789, il restait encore soixante-dix mille fiefs entre les mains des nobles ou du clergé, assujétis au cens, c'est-à-dire au prix du rachat de l'antique servage : soixante-dix mille fiefs, c'est-à-dire autant de justices seigneuriales avec leur cortège de droits féodaux, les uns ridicules, d'autres odieux, corvées, banalités, droits de pêche, de chasse, de garennes, de colombiers, d'aubaine, de bâtardise et bien d'autres, que l'énumération la moins incomplète a portés à près de quarante.

Les trois quarts des terres appartenaient aux nobles et au clergé ou bien à la couronne et aux communes, un quart seulement se partageait entre quatre cent mille rôturiers ; combien ce chiffre est dérisoire auprès de nos dix millions de propriétaires ruraux et quel inestimable bienfait a produit la Révolution en divisant la propriété plus encore qu'en l'affranchissant et en créant cette classe nombreuse de propriétaires laborieux qui est encore la force vive de la nation et la plus solide assise de l'ordre social !

Et combien y en avait-il de ces nobles si richement dotés ? Cent mille à peine qui échappaient à presque tous les impôts sous le prétexte qu'ils ne devaient au roi que leur sang comme si les cinq millions de roturiers en état de porter les armes, ne mouraient pas au service du pays qu'ils ont victorieusement défendu à Valmy, à Jemmapes, à Fleurus, à Wattignies et, pendant un quart de siècle, sur les champs de bataille où, souvenir cruel et qu'on voudrait effacer, plus d'un ancien courtisan de Versailles combattait avec nos ennemis.

Quant au clergé, il comptait environ deux cent mille membres et possédait un revenu évalué à 250 millions qui en représenteraient aujourd'hui largement le double, sans compter le produit des quêtes et du casuel.

Ce clergé lui-même avait son aristocratie de prélats et d'abbés richement dotés; l'évêché du Puy, entre autres, était compté pour un produit de 34,000 livres; presque tous nobles ou de famille de robe, vivant le plus souvent à la Cour tandis que les moines, sous le joug de leur abbé, végétaient dans leur monastère, et que les pauvres vicaires ou curés réduits à la portion congrue, exerçaient le ministère paroissial à la place des gros décimateurs pour quelques centaines de livres. C'est dans les rangs de cette démocratie de l'Église que le Tiers-État trouva de suite des alliés et c'est avec lui qu'ils auraient dû toujours rester.

Le clergé était d'ailleurs un ordre puissant dans l'État; quoiqu'il ne fût tenu, disait-il, que de donner au roi ses prières, comme la noblesse son sang, il consentait dans ses assemblées annuelles un don gratuit à la couronne; mais il l'accompagnait de ses remontrances et surtout de ses demandes contre les protestants qui avaient à grand'peine obtenu, en 1787, sur les instances de Lafayette, qu'on leur accordât l'état civil, mais non pas l'admission aux charges de judicature et le droit d'avoir des écoles.

La France ne possédait pas davantage, avant

1789, rien qui ressemblât à l'administration telle que nous la comprenons. Richelieu avait bien créé les intendants de justice, police et finances, qui avaient annihilé peu à peu tout le pouvoir des grands seigneurs gouverneurs des provinces ; mais ces fonctionnaires, véritables vice-rois, investis d'une autorité formidable, même celle de condamner à mort, n'offraient par cela même aucune des garanties d'une bonne et véritable administration. Et d'ailleurs quelle variété dans la carte administralive du pays ! Quelle diversité de régime entre ces provinces que séparaient encore des douanes intérieures ! Quel chaos que ces impôts divers, taille, capitation, vingtièmes, aides, octrois, traites foraines ou provinciales, et le plus odieux, les gabelles, source d'inégalités monstrueuses, de vexations sans nom, de pénalités barbares et dont la moindre iniquité était d'élever jusqu'à 12 sous le prix de la livre de sel !

Encore si le produit de ces impôts eût été bien employé, mais la meilleure partie s'engouffrait à Versailles pour payer la maison du roi et celle des princes dont les dépenses, en 1784, montèrent à 32 millions, ou passait en largesses distribuées à la noblesse, transformée en domesticité de Cour, au moyen de ces fameux acquits au comptant, payés sans contrôle et sans publicité aucune, sur la simple signature du roi. C'est ainsi que d'un seul coup le duc de Polignac avait reçu un cadeau de 1,200,000 fr. pour payer le domaine de Fenestrange, cadeau royal s'il en fut, mais dont le peuple faisait les frais.

Dans l'armée, depuis le sous-lieutenant jusqu'au colonel, tous les officiers achetaient leur grade à moins qu'il ne convint au roi de leur en faire cadeau et l'on avait ainsi des colonels de vingt ans.

La magistrature achetait également ses charges et, pour s'indemniser, elle avait les épices payées par les plaideurs en sus des autres frais de justice ; le produit, en 1789, en était annuellement de 80 millions, c'est-à-dire bien plus que le double du budget actuel du ministère de la justice.

Quant à l'organisation judiciaire, il serait véritablement impossible ici de débrouiller la multiplicité des juridictions ou même de les énumérer et je vous fais grâce aussi, messieurs, de toute digression sur la barbarie des pénalités encore appliquées à la veille de la Révolution.

Aucune classe de la population n'a plus de sujets de reconnaissance à la Révolution que celle des habitants des campagnes ; écrasés par l'impôt, par les dîmes, les droits féodaux, ne pouvant travailler à son gré la terre dont il payait le cens, ne pouvant rien récolter si le ban de moisson ou de vendange n'a pas été publié par son seigneur, telle était, suivant un auteur moderne, la condition du paysan obligé, quand le blé devenait cher, de payer la rente en argent au prix du blé sur le marché, même s'il était quadruple du taux ordinaire de la rente. Aussi y avait-il alors dix millions d'hectares en jachère !

Vous me reprocheriez, messieurs, quelle que soit déjà la longueur de ce tableau de l'ancien régime, de passer sous silence les conditions alors imposées au travail. Jusqu'en 1789 le travail n'a jamais été libre ; l'antiquité le regardait comme une œuvre servile ; au moyen âge il gardait encore quelque chose de cette infériorité et comme un symbole de déchéance. Il n'en est plus ainsi de notre temps et

rien ne prouve mieux en quel honneur nous le te-
nons, grâce surtout aux principes de liberté proclamés en 1789, que la coïncidence de l'anniversaire
que nous célébrons aujourd'hui avec la grande so-
lennité que célèbrera demain Paris en inaugurant
l'Exposition universelle, cette incomparable fête du
travail où ses propres œuvres plaident pour lui avec
plus d'éclat qu'on ne l'a jamais fait depuis un siècle.

Avant 1789, le travail vivait sous le régime des
corporations, des maîtrises et des jurandes ; les
communautés d'ouvriers et les corps de métiers, formés d'abord dans un esprit d'assistance mutuelle et
que l'école socialiste chrétienne moderne voudrait à
ce titre voir ressusciter, étaient devenus des corps
fermés où il était presque aussi difficile d'entrer que
de devenir noble ; des règlements minutieux et
sévères avaient été édictés afin de prévenir la con-
currence et prescrire les procédés de fabrication ;
les apprentis, les compagnons et surtout les maîtres
ne voyaient pas là avec déplaisir une barrière à
l'esprit d'invention qui aurait contrarié leur pares-
seuse routine. Ne devenait pas d'ailleurs apprenti
qui voulait ; on vit à diverses époques des corporations, celle des imprimeurs par exemple (n'ou-
blions pas que nous sommes au XVIIIe siècle)
interdire à ses membres de recevoir de nouveaux
apprentis pour ne pas accroître le nombre des
ouvriers ; à plus forte raison la maîtrise était-elle
inabordable ou à peu près pour d'autres que les fils
ou les parents des maîtres, et chaque métier devenait une véritable caste. Vous tous, messieurs, dont
la vie est consacrée au travail et qui lui demandez la
juste récompense promise au libre développement

de vos facultés, comparez et jugez entre notre condition telle que l'a faite la Constituante et les temps qui l'ont précédée!

Voilà, messieurs, bien incomplet sans doute, le tableau de quelques-uns des abus de l'ancien régime. Ces abus avaient produit la ruine des finances, le déficit était là menaçant, et le pouvoir à bout d'expédients se vit contraint de faire appel à la nation. Les États-Généraux lui apparurent comme un refuge suprême, la nation les réclama et les accepta comme l'aurore d'une ère nouvelle ; ses espérances ne furent pas trompées et la royauté se trouva avoir ainsi donné, à la Révolution la plus légitime, et d'abord la plus pacifique qui fût au monde, la tête qui lui manquait.

Mais de graves questions vinrent aussitôt se poser : chacun des trois ordres aurait-il le même nombre de députés ou bien le Tiers-État seul en aurait-il autant que les deux autres réunis? Le vote aurait-il lieu dans la future assemblée par ordre ou au contraire par tête ?

Le 1er janvier 1789, une déclaration royale, rendue sur les instances de Necker, trancha la première question en faveur du doublement du Tiers-État, laissant la seconde incertaine, mais faisant prévoir que les événements la résoudraient dans le même sens, puisqu'il aurait été bien inutile de donner au Tiers un nombre de députés égal à celui des deux autres ordres, s'il avait été réduit à n'avoir qu'une voix sur trois.

Ces deux questions avaient été déjà implicitement résolues au Puy. Le 22 décembre, dans une salle du couvent des Carmes s'était réunie une assemblée de plus de trois cents personnes, où se trouvaient confondus les délégués de la noblesse et du clergé avec ceux du Tiers, et où avait été voté un arrêté demandant le changement de la constitution des États du Languedoc et de ceux du Velay dans le sens d'une représentation élective et égale pour tous. Le 20 janvier, une nouvelle réunion, en tête de laquelle était encore le marquis de Latour-Maubourg, réclamait comme complément du doublement du Tiers, le vote par tête dans une assemblée unique.

Le 24 janvier paraît le règlement sur la forme des élections.

A peine la nouvelle s'est-elle répandue dans les provinces, que de toutes parts, éclate une immense ivresse ; dans les moindres bourgades on s'empresse de rédiger les cahiers de doléances, qui deviendront bientôt des lois. Nous possédons ceux du Tiers-État de la sénéchaussée du Velay en quatre-vingt-huit articles. Tous les vœux de la France s'y trouvent exprimés, tels à peu près qu'ils ont été bientôt sanctionnés : doublement de la représentation du Tiers, rédaction d'une constitution, périodicité des États Généraux, répartition égale des impôts librement votés pour un temps déterminé, les lois consenties par la libre discussion, la presse libre, le secret des correspondances assuré, suppression de la gabelle, des douanes intérieures, des péages sur les routes, de la dîme, du casuel, des droits féodaux résultant de la servitude personnelle et rachat des autres, municipalités librement élues, réformes des lois civiles et de procédure, jugements criminels publics et liberté de la défense, suppression de la vénalité des charges de judicature,

division de la France en départements, admission
égale pour tous aux emplois, reconstitution des États
provinciaux sur une base d'égalité.

Les électeurs des trois ordres s'étaient réunis au
Puy; l'assemblée du clergé seule y fût divisée;
quelques uns de ses membres auraient voulu que
tous les députés fussent élus en commun; n'ayant
pu l'obtenir, ils se séparèrent et dressèrent un cahier
particulier. La majorité élut pour député le curé de
Craponne, M. Privat, et arrêta des cahiers où il était
déclaré que le clergé acceptait l'égalité de l'impôt,
mais maintenait énergiquement l'autorité royale, la
division des ordres et le vote séparé. On y condam-
nait aussi la liberté de la presse ; on y demandait
enfin l'unité de religion et des mesures contre
l'extension du protestantisme.

Les États-Généraux tiennent leur première séance
le 5 mai pour entendre en commun les déclarations
du ministère ; le Clergé et la Noblesse se retirent
ensuite et aussitôt se pose la question de la réunion
des trois ordres pour une délibération commune.

On ne saurait trop admirer la patiente fermeté
déployée, depuis le 5 mai jusqu'au 20 juin, par les
députés des communes ; ils sentent bien qu'une
force nouvelle, la Nation, a fait son apparition,
qu'ils en sont les vrais et seuls représentants, et que
Sieyès a vraiment prophétisé quand il a dit : « Qu'est-
ce que le Tiers-État ? Rien. — Que doit-il être ?
Tout. » Il se constitue donc à lui seul en Assemblée
nationale, attendant que les ordres privilégies vien-
nent à lui ; le bas clergé, comme on l'appelait dédai-
gneusement, c'est-à-dire une partie des curés arrivent les premiers, mais la Cour retient les prélats

et la noblesse. C'est alors que, pour répondre à de mesquines tracasseries, à de puériles questions d'étiquette par lesquelles on espérait arrêter le flot irrésistible de la volonté nationale et qui masquaient des menaces plus dangereuses, c'est alors que, dans cette salle à jamais illustre du Jeu de Paume de Versailles dont les murs entièrement nus ajoutent encore à la grandeur de la scène, les représentants du peuple prononcent tous, moins un seul, après Bailly leur président, cet immortel serment de vivre libres sous la Constitution qu'ils veulent faire, et la liberté française est définitivement fondée !

En vain la résistance essaie encore un dernier effort ; bientôt la Cour est obligée de supplier la Noblesse de se réunir au Tiers ; il ne lui reste que la ressource de la violence, et c'est à bon droit que Mirabeau et Lafayette dénoncent à l'Assemblée ces réunions de troupes autour de Versailles et les attentats prémédités contre la sûreté des représentants de la nation. Le roi, supplié de se rendre à leur demande, ne leur adresse qu'une réponse hautaine, mais le peuple de Paris répond à son tour par la prise et la destruction de la Bastille, avec laquelle tombe enfin le règne du bon plaisir et de l'arbitraire.

Les débris du régime féodal ne pouvaient lui survivre longtemps ; il suffit d'une seule nuit, celle du 4 août, pour anéantir toute trace de dix siècles de servitude ; sans défense, sans contradiction, la féodalité s'écroule d'elle-même ; la noblesse consent et accepte le sacrifice : la rénovation matérielle de la France et l'égalité civile sont accomplies. Si la France n'eût demandé que la satisfaction d'intérêts matériels, la révolution, elle aussi, était accomplie ; mais qu'importent les droits civils sans les droits politiques qui en sont la garantie ? La liberté manquant, tout semblait manquer encore et, si la Cour et les privilégiés avaient cru satisfaire toutes les revendications, ils s'étaient gravement trompés ; ils s'en aperçurent bientôt et, désespérant de se concilier la Révolution, ils devinrent ses ennemis.

C'est donc à travers une lutte incessante que la Constituante inaugure et poursuit ses travaux. Elle en pose immédiatement la base dans la Déclaration des droit de l'homme et du citoyen, dont Lafayette est l'un des auteurs et dont les principes feront le tour du monde aussi sûrement que la cocarde tricolore du 14 juillet !

Où donc ces hommes, inconnus hier, avaient-ils si promptement trouvé la force nécessaire pour édicter l'évangile de la société nouvelle ? Ce n'est pas en vain que la philosophie du xviiie siècle avait, en cinquante ans, remué tant d'idées, que Montesquieu, en politique et en législation, avait retrouvé les titres perdus du genre humain, que Voltaire avait passé soixante ans à combattre les abus, à défendre les victimes, à se faire l'apôtre de la tolérance au nom de la raison et de la justice indignées, que Diderot, d'Alembert et les encyclopédistes avaient popularisé les sciences et la philosophie, que Rousseau dans son magnifique langage, avait ému les cœurs. La Déclaration des droits procède de tous ces grands devanciers de 89 ; elle se résume elle-même dans deux ou trois axiomes tracés en style lapidaire :

« Les hommes naissent et demeurent libres et égaux en droits.

« Le principe de toute souveraineté réside dans la nation.

« La loi est l'expression de la volonté générale ; tous les citoyens ont le droit de concourir à sa formation, personnellement ou par leurs représentants. »

Et puis, comme conséquences de ces prémisses, l'admissibilité de tous aux emplois, la liberté individuelle garantie, les peines réduites à celles nécessaires, la liberté de la presse, la liberté de conscience, la liberté du travail, l'armée nationale, l'égalité devant l'impôt consenti annuellement, la responsabilité des agents du pouvoir, la propriété affranchie et garantie, tout ce dont nous vivons depuis un siècle et dont la jouissance nous semble tellement naturelle qu'on a peine à se figurer qu'il n'en ait pas toujours été ainsi.

En même temps que la Constituante fondait une société nouvelle, elle fondait aussitôt l'unité de la Patrie en créant l'unité territoriale. C'est un fait digne d'attention que l'empressement des provinces à réclamer elles-mêmes la suppression des distinctions et des privilèges dont jouissaient certaines d'entre elles, à effacer les anciennes limites en même temps que les anciennes barrières qui les séparaient jadis, qu'il n'y ait plus en France que des Français.

C'est à cette date, janvier 1790, que disparaît le Velay pour se fondre avec une partie de l'Auvergne dans le département de la Haute-Loire. Dans notre cité du Puy, le souvenir des vieilles luttes du moyen âge pour la conquête des privilèges consulaires, car tout alors était privilège, même la liberté, et l'atta-

chement ininterrompu aux franchises municipales,
étaient une garantie de l'enthousiasme avec lequel
devaient y être reçus avec les principes nouveaux ;
pour le Velay, les députés du Tiers-État, Richond
et Bonnet de Treyches, aussi bien que Latour-Maubourg, député de la noblesse, l'ami de Lafayette qui
représentait lui-même la noblesse de Brioude, et
Grenier qui avec Branche en représentait le Tiers-
État, tous restèrent unis dans le concours qu'ils
apportèrent aux travaux de la Constituante.

Plus tard, et à travers les orages de la période
suivante, le Puy resta fidèle à sa foi démocratique ;
il n'en fut pas de même d'une autre portion du département où quelques tentatives de guerre civile,
suscitées par les royalistes furent promptement
étouffées, sans que le bon accord qui règne aujour-
d'hui entre nous tous, enfants de la Haute-Loire,
puisse souffrir du souvenir historique des luttes
heureusement peu meurtrières de nos pères, républicains au Puy, royalistes à Yssingeaux.

Vous n'attendez pas de moi, messieurs, que je
cherche, même brièvement, à suivre la Constituante
dans son œuvre immense de rénovation politique,
sociale, financière, administrative et économique ;
vous en appréciez tous les bienfaits, puisque nous
en vivons encore aujourd'hui. L'organisation politique qu'elle donna à la France lui a, il est vrai, à
peine survécu ; c'est que cette grande Assemblée
tenta de faire entrer dans une Constitution profondément démocratique, une royauté représentée par
l'héritier de la plus vieille et de la plus absolue des
monarchies. Attendre d'elle qu'elle renonçat en un
jour à toutes ses traditions et qu'elle imposât ce re-

noncement à son entourage, c'était trop demander à
la nature humaine. Les résistances, les complots,
les trahisons, l'émigration et la fuite à Varennes fai-
saient déjà prévoir l'impossibilité d'arrêter la Révolution dans sa marche impétueuse.

L'Assemblée constituante en condamnant ses membres à la retraite, fit preuve d'une générosité impo-
litique qui porta le coup fatal à la Constitution de
1791, à l'heure même où elle était mise en pratique.
L'Assemblée législative, composée d'hommes nouveaux, où dominaient les républicains qui furent
bientôt ces Girondins à la parole éloquente, aux
inspirations enflammées, ne fit que passer et dura
cependant assez pour voir s'amonceler les orages
des premiers troubles civils et de la guerre étrangère, laissant à la Convention le soin de proclamer
la République qui de fait existait déjà et la tâche de
sauver la patrie en danger.

La Convention, mes chers concitoyens, je n'entre-
prendrai pas de la réveiller des temps passés,

De lauriers et de sang grande ombre couronnée!

Un de ses membres et non des moins illustres, Cambon a dit d'elle : « Une grande nuit s'est faite parmi
nous et nous nous sommes entre-tués, amis et ennemis! » Et dans ce déchaînement de furieuses tem-
pêtes, de passions surexcitées par les nobles mobiles
comme par les plus misérables excitations, le sang le
plus pur des défenseurs de la liberté a coulé à flots,
et la Révolution a si bien dévoré ses enfants qu'il
n'en est plus resté assez pour faire un rempart contre le soldat victorieux qui vint plus tard étouffer la
liberté ; quelques-uns des survivants de l'immortelle

assemblée alors servirent sous lui leur pays ; d'autres acceptèrent ses titres de noblesse et ses charges de cour ; un petit nombre eut le courage et la force de rester debout, ainsi que Carnot, et vint à lui seulement quand la patrie fut en danger comme elle l'avait été en 1792, mais sans réussir cette fois à la sauver.

Car la Convention, qui avait fait un pacte avec la mort, en fut récompensée par la victoire ; sa mémoire impérissable est liée dans l'histoire à bien d'autres souvenirs glorieux, la coalition des rois vaincue, le territoire de la France reculé jusqu'à ses limites naturelles, l'unité française reconstituée, l'œuvre de la Révolution sauvée de ses ennemis, et pour tout dire en un mot, le salut de la patrie.

La liberté politique disparut complètement en France sous l'empire ; on entend dire tous les jours que la liberté civile n'en a pas souffert ; mais que devient celle-ci quand la première a cessé d'exister ; qui peut garantir les droits privés des citoyens contre l'arbitraire d'un pouvoir sans contrôle et sans frein ? Le régime impérial n'en a-t-il pas donné la preuve ? Il avait, dit-on, sauvegardé l'égalité comme la plus précieuse des conquêtes de la Révolution ; ne l'a-t-il pas détruite par la création d'une noblesse nouvelle et de majorats constitués en violation des principes du droit civil et n'a-t-il pas du même coup relevé le prestige de l'ancienne aristocratie ?

Ne séparons donc jamais, dans l'œuvre de la grande Constituante, la liberté politique de la liberté civile. La Déclaration des droits qui les consacre également l'une et l'autre, n'a pas cessé d'être depuis un siècle, à toutes les crises de notre histoire, le phare lumineux vers lequel se sont tournés tous les regards et toutes les espérances à travers nos déceptions et nos échecs; ne le perdons jamais de vue, convaincus que la fidélité aux principes proclamés par nos pères peut seule assurer la réalisation de la vision sublime qu'ils ont eue de l'avenir.

Et vous qui, pour la plupart, avez le bonheur d'être jeunes, vous à qui peut être il appartient de voir réalisées les espérances qu'un siècle entier n'a pas encore satisfaites, souvenez-vous que ce siècle a marché, mais que ce n'est pas vers la royauté!

LA

PREMIÈRE RÉPUBLIQUE

21-22 Septembre 1792

En proclamant l'abolition de la royauté dès le premier jour de sa réunion, en décrétant le lendemain l'ère nouvelle de la République française, la Convention nationale fixait le terme auquel devait fatalement aboutir dans l'ordre politique l'œuvre de la Révolution et en marquait le caractère vraiment égalitaire et démocratique. Pour la première fois l'autorité souveraine du peuple français se trouvait déléguée à une assemblée issue du suffrage universel; la République seule forme de gouvernement compatible avec la souveraineté nationale, devait en sortir, comme elle sortit, après une éclipse d'un demi siècle, des acclamations d'une nouvelle Constituante; l'œuvre politique de 1848 fut, elle aussi, périssable; le suffrage universel survécut; la violence et la tyrannie purent en fausser les manifestations; mais depuis vingt ans passés chacune de ses consultations affirme avec plus en plus d'éclat que la troisième République peut défier tous ses ennemis. Pleins de sécurité pour son avenir, nous pouvons donc renouer la chaine des temps et rendre hommage à la mémoire de ses premiers fondateurs.

Les journées du 21 et du 22 septembre 1792 restent dans l'histoire une date mémorable à côté de celle du 5 mai 1789 dont nous avons naguères aussi célébré le centenaire; à la distance d'un siècle elle nous apparaît avec la consécration du temps et dégagée des terribles événements qui la précédèrent et la suivirent. Le récit des séances dans lesquelles la Convention consacra d'un élan unanime cette date fameuse, tient en quelques lignes. Mais la proclamation de la République fut alors la conséquence d'événements dont le rapide tableau servira à l'expliquer. Il faut donc remonter de plusieurs mois en arrière et suivre d'abord au moins pendant la durée de l'Assemblée législative, la marche rapide de la Révolution.

I

L'Assemblée constituante s'était séparée après avoir accompli en moins de trente mois une œuvre dont on a peine à mesurer l'immensité. Le despotisme séculaire a jamais détruit, les distinctions d'ordres et de castes pour toujours anéanties, l'égalité des droits civils reconnue et établie, l'unité nationale reposant sur une organisation nouvelle du territotre et de l'administration, l'ordre judiciaire fondé sur l'institution de juridictions nouvelles accessibles à tous et sur le fonctionnement du jury, l'ordre dans les finances assuré par un remaniement complet du système d'impôts votés et contrôlés dans leurs emploi par les représentants de la nation, enfin et par-dessus tout la terre affranchie, aux mains de ceux qui la cultivaient, de la dîme et des droits féodaux et le travail rendu à la liberté par la suppression des jurandes, des maîtrises, des corporations, tels sont les legs impérissables de cette immortelle Assemblée.

Son œuvre politique au contraire lui survécut à peine pour n'avoir pas été menée jusqu'à son terme nécessaire, c'est à dire jusqu'à la République. Elle voulut conserver une monarchie privée de ses appuis séculaires, la noblesse et le clergé, dépouillée de son pouvoir et de ses prérogatives essentielles ; comme pour aggraver encore son erreur, elle crut pouvoir laisser cette ombre de couronne sur la tête de l'héritier des rois les plus absolus qui aient gouverné la France. Quelque soit le jugement des partis et celui de l'histoire sur le malheureux Louis XVI il faut bien reconnaître que l'acceptation sincère et surtout l'observation rigoureuse de la Constitution auraient exigé une force de vertu et de caractère plus qu'humaine qu'on ne pouvait attendre ni de sa nature, ni de son éducation, encore moins des suggestions de son entourage et des inspirations de sa conscience religieuse dont il n'était pas le maître. Ce roi que ses frères, ses parents, ses nobles, son clergé abandonnaient pour aller fomenter au dehors la guerre civile et la guerre étrangère devait forcément, quand même il n'eût pas été d'abord leur complice être réputé pour tel et forcément le devenir. Comment croire à la sincérité de ses serments constitutionnels après sa fuite à Varenne, après le démenti qu'il s'était infligé à lui-même lorsque prisonnier de l'Assemblée constituante il n'avait pas craint de désavouer la proclamation où cinq jours auparavant il annonçait et expliquait son départ des Tuileries. Ce jour là, le 25 juin 1791, la royauté fut par lui-même frappée au cœur bien mieux encore que par la suspension que prononça l'Assemblée : au lieu de lui rendre un vain titre et l'ombre du pouvoir, que n'a-t-elle alors confirmé cette déchéance et proclamé la République épargnant ainsi à la France l'insurrection du 10 août et les massacres de septembre!

Quand disparut la Constituante, quand ses membres abdiquant toute autorité se furent exclus eux mêmes de la vie publique par un vote plus généreux que réfléchi, la Cour dut se prendre à les regretter et n'envisagea pas sans terreur cette première assemblée législative, ces nouveaux venus jeunes presque tous, inconnus pour la plupart, mais animés du souffle des temps nouveaux et portant dans leurs regards enflammés le signe de leur orageuse ou éclatante destinée, Girondins à l'éloquence brûlante déjà de la foi républicaine Vergniaud, Brissot, Guadet, Gensonné, Condorcet, Jacobins au génie inquiet et rude, Merlin, Chabot, Bazire, et ceux à qui était plus tard réservé un grand rôle tels que Carnot le futur organisateur de la victoire, Couthon du Puy-de-Dôme, Cambon le grand financier de la République. En face de ces hommes le parti constitutionnel, devenu le côté droit de l'Assemblée, était réduit à l'état de minorité et presque à l'impuissance ; la garde nationale lui échappait par la suppresion du commandement général de Lafayette, la mairie de Paris par l'élection de Pétion ; le ministère lui même, composé d'éléments disparates, constitutionnel avec Narbonne, royaliste fougueux avec

Bertrand de Moleville, ne lui offrait aucun solide appui. D'ailleurs la reine et la cour redoutaient de lui devoir leur salut et, comme tous les désespérés, le cherchaient plutôt dans l'excès du mal ; la captivité, trois mois de prison, disait Marie-Antoinette, plutôt que Lafayette maire du palais avec la monarchie constitutionnelle.

En moins de six mois la majorité de l'Assemblée en vint à imposer au roi un ministère républicain où la Gironde dominait par Roland, Servan, Dumouriez, Clavière et à faire déclarer la guerre à l'empereur. Trois mois encore et le roi, sourd au prophétique appel tracé tout d'un trait par le cœur et la main de Madame Roland dans cette lettre où son ministre lui faisait entrevoir « la France se levant indignée et développant cette sombre énergie mère des vertus et des crimes, toujours funeste à ceux qui l'ont provoquée », le roi chassait son ministère Girondin, s'enlevait sa dernière chance de salut et commençait cette agonie de deux mois qui devait le conduire à la tour du Temple à travers les journées du 20 juin et du 10 août. Alors la grande voix de Vergniaud prophétisait du haut de la tribune la déchéance : « J'aperçois d'ici, disait-il, ce château d'où la terreur et la violence sont si longtemps sorties au nom du despotisme ; qu'elles y rentrent maintenant au nom de la liberté. »

A l'intérieur le refus du roi de sanctionner les décrets de l'Assemblée contre les prêtres non assermentés et pour la formation d'un camp de vingt mille hommes sous Paris, à l'extérieur son entente secrète, toujours soupçonnée plutôt que prouvée à cette époque, devinrent plus que jamais un aliment aux accusations véhémentes d'une presse libre jusqu'à licence la plus immodérée, des clubs où des constitutionnels avaient perdu toute influence, des assemblées des sections de Paris où se pressait nombreuse la population, privée de tout travail et en proie à la plus profonde misère. Les mystères de l'armoire de fer, où Louis XVI en mai 1792 avait caché ses papiers secrets, révélés quelques mois plus tard, les mémoires publiés longtemps après par ses agents eux mêmes ne permettent plus hélas, de douter que la Révolution soupçonneuse quelquefois à l'excès, ne se trompait pas cette fois quand elle dénonçait l'existence d'un comité autrichien et lorsque cette accusation était portée à la tribune par Brissot lui-même. Depuis longtemps le roi avait son envoyé secret, le baron de Breteuil, à la cour de Vienne; depuis longtemps ses propres ministres, Delessart, Montmorin n'étaient que des mannequins entre les mains de l'ancien ambassadeur d'Autriche le confident de Marie-Antoinette, le comte de Mercy-Argenteau alors retiré à Bruxelles. Bien plus, au moment même de la déclaration de guerre un agent de Louis XVI, Mallet-Dupan muni d'instructions secrètes, partait pour Vienne avec la mission d'exposer les vues du roi sur la conduite et le but proposés aux ennemis de la France ; il emportait rédigé par Bertrand de Molleville et Montmorin anciens ministres, corrigé de la main de Louis XVI, le projet du manisfeste que les ennemis de la France devaient publier à leur entrée en campagne, conçu, a-t-il dit lui même « de manière à écarter toute idée de collision entre les deux cours et à amener à un arbitrage entre le roi et les étrangers, d'une part, et de l'autre entre Sa Majesté et la Nation. » A ce manifeste auquel la coalition substitua plus tard celui si fameux de Brunswik, était joint un sommaire d'instructions à l'adresse des princes et des émigrés. Or au moment même où se tramait ce complot, Montmorin dénoncé dans les *Annales patriotiques* de Carra comme membre du comité autrichien portait plainte contre le journaliste à l'instigation de la Cour et qualifiait de calomnieuses des accusations qui n'étaient que trop bien fondées.

Durant cet été de 1792 tout l'espoir de la Cour reposait en effet sur l'arrivée des troupes de l'Autriche et de la Prusse coalisées et renforcées des corps d'émigrés organisées dans les provinces allemandes du Rhin ; les témoignages abondent à cet égard ; madame Campan, entre autres récits non suspects de haine pour la royauté, raconte ceci : Une des nuits du mois de juillet, où la lune éclairait sa chambre, la reine contemplant le ciel dit à madame Campan qui veillait au pied de son lit : — Vous voyez cette lune ; quand elle viendra de nouveau briller dans un mois elle me retrouvera libre et heureuse et nos chaînes soront brisées. — Elle lui dévoila ses craintes, ses espérances, ses angoisses, l'itinéraire des princes, du roi de Prusse ; tel jour ils devaient commencer le siège de Lille, tel autre prendre Verdun, tel autre entrer dans Paris ; le jour de la délivrance était par avance marqué du doigt de la reine sur son calendrier. Louis XVI ne partageait-il pas ces coupables et décevantes espérances lorsque dans la matinée du 10 août il abandonna le château des Tuileries où il aurait pu trouver la mort dans une lutte de vive force, pour aller à l'Assemblée chercher une prison dont les ennemis de la France lui auraient ouvert bientôt les portes ?

En ce même mois de juillet la France et l'Assemblée se montrèrent à la hauteur des dangers qui menaçaient la patrie. Sur la frontière du Nord à peine soixante-dix mille hommes; sur le Rhin quarante mille soldats allaient soutenir le choc de deux cents mille Autrichiens, Prussiens, Hongrois et de vingt-deux mille émigrés ; la Russie venait d'adhérer à la coalition, de toutes parts la désertion donnait la main à l'invasion et jetait le trouble dans les cœurs; Luckner qui avait envahi la Belgique en insurrection contre l'Autriche reçut l'ordre dans une note secrète écrite, dit-on, de la main du roi, de se replier sur Lille et il évacua Courtray, laissant pour adieu aux Belges nos amis des ruines fumantes.

A l'intérieur les royalistes commencèrent la guerre civile ; ils se soulevèrent dans l'Ardèche et, guidés par du Saillan qui se qualifiait de lieutenant général de l'armée des princes, ils mirent le siège devant Jalès; trois mille paysans du Vivarais s'en emparèrent et y établirent leur camp. Les gardes nationales de Lyon, Valence, Nîmes, accoururent avec du canon, le château fut repris, le camp dispersé et du Saillan massacré.

Le département de la Haute-Loire ressentit dans le district d'Yssingeaux le contre coup de ces troubles. Des émigrés, secrètement rentrés, y étatent venus, peut-être dans le but d'y fomenter une insurrection qui aurait donné la main au camp de Jalès ; des attroupements s'étaient formés au chef-lieu du district et le directoire du département chargea l'un de ses membres d'aller les disperser à la tête d'environ deux cents gardes nationaux du Puy. L'expédition eut lieu le 20 avril; tout parut d'abord devoir se passer pacifiquement, mais quelques coups de fusil tirés par des hommes armés venus d'Araules amenèrent un conflit ou périrent de part et d'autre quelques combattants. Un historien royaliste affirme qu'Yssingeaux fut livré pendant deux jours à toutes les horreurs d'une ville prise d'assaut; il n'en faut rien croire; l'ordre une fois rétabli, les rassemblements dispersés, la garde rentra au Puy, ramenant prisonniers le maire et quelques habitants d'Yssingeaux et des communes voisines. Une lettre inédite du représentant Reynaud célèbre avec enthousiasme la victoire de ses compatriotes.

Sur d'autres points du territoire éclataient des évènements autrement graves que les troubles du Vivarais; en Bretagne un simple paysan prêchait la guerre civile; la Vendée s'agitait à la voix des prêtres et préparait sa longue et formidable insurrection.

Ces nouvelles jetaient la consternation dans Paris, exaspéraient jusqu'à la fureur le patriotisme ; et cependant Roland, Barbaroux et quelques-uns de leurs amis, penchés sur la carte de France, se demandaient où la liberté trouverait un refuge en cas de défaite; si le Nord succombait ils rêvaient une république du midi s'étendant des rochers de l'Auvergne, aux montagnes du Jura et aux confins du Limousin; là, disait Barbaroux, où les hommes labourent la neige mais où ils vivent libres. L'exaltation des esprits était montée si haut qu'on vit un fait étrange, la calomnie par le meurtre ou le suicide, prêt de se produire, deux députés, Grangeneuve et Chabot, s'offrant l'un comme victime, l'autre comme meurtrier pour donner un mobile à l'insurrection sans laquelle périssait la patrie ; le pacte secret fut conclu ; Chabot accepta le rôle de sacrificateur mais recula au dernier moment; la victime ne manqua pas à la parole donnée, mais le meurtrier.

A la tribune de l'Assemblée Vergniaud dans une de ses plus magnifiques harangues, proposa de déclarer la patrie en danger. Il faudrait citer son discours en entier ; en voici du moins quelques fragments : « Serait-il vrai qu'on redoute nos triomphes? Est-ce du sang de l'armée de Coblentz ou du nôtre qu'on est avare ? Si le fanatisme des prêtres menace de nous livrer à la fois aux déchirements de la guerre civile et de l'invasion, qu'elle est donc l'intention de ceux qui font rejeter avec une invincible, opiniâtreté la sanction de nos décrets? Veulent-ils régner sur des champs dévastés, sur des villes abandonnées ?... « O roi, qui sans doute avez cru avec le tyran Lysandre que la vérité ne valait pas mieux que le mensonge et qu'il fallait amuser les hommes par des serments comme on amuse les enfants par des osselets, qui n'avez feint d'aimer les lois que pour conserver la puissance qui vous servirait à les braver, la constitution que pour qu'elle ne vous précipitât pas du trône où vous aviez besoin de rester pour la détruire, la nation que pour assurer le succès de vos perfidies en lui inspirant de la confiance, pensez-vous nous abuser aujourd'hui avec d'hypocrites protestations ?... Homme que la générosité des Français n'a pu émouvoir, homme que le seul amour du despotisme a pu rendre sen-

sible, vous n'avez pas rempli le vœu de la constitution. Elle peut être renversée, mais vous ne recueille-
rez pas le fruit de votre parjure. Vous n'êtes plus
rien pour cette constitution que vous avez si indi-
gnement violée, pour ce peuple que vous avez si
lâchement trahi !... »

Le 11 juillet l'Assemblée décréta ces mots solen-
nels « LA PATRIE EST EN DANGER », prononça la mort
contre toute tentative de rébellion, la réquisition de
toutes les armes, l'enrôlement de tous les hommes
valides dans les gardes nationales. La proclamation
du décret fut faite dans Paris avec un appareil tragique, à chaque carrefour, par les officiers munici-
paux escortés de la force armée ; sur les places publiques fut dressé l'autel de la patrie et les volontaires
accouraient pressés pour y signer leur enrôlement.

Les volontaires de 92! qui ne les a vus ou qui
ne voudrait les voir dans ce bas relief de l'Etoile,
œuvre immortelle où le sculpteur Rude les anime
et les entraine sous le vol aérien de la Marseillaise
d'un souffle égal à celui du poëte :

> La tristesse et la peur leur étaient inconnues :
> Ils eussent sans nul doute escaladé les nues
> Si ces audacieux
> En retournant les yeux dans leur course olympique
> Eussent vu derrière eux la grande République,
> Montrant du doigt les cieux.

Un grand historien, Michelet a trouvé lui aussi des
inspirations dignes d'eux : « Contemplez, si vos regards peuvent l'embrasser, l'immensité du mouve-
ment. Six cent mille volontaires inscrits veulent
marcher à la frontière ; il ne manque que des fusils,
des souliers, du pain... Ils ont gardé tous un
caractère de l'époque vraiment unique qui les eu-

fanta : ce signe, ce mot qui fit tressaillir toute la terre n'est autre que leur simple nom : Volontaires de 92. C'était le jeune, l'héroïque, le vaillant Hoche qui devait vivre si peu ; c'était la pureté même, cette noble figure virginale et guerrière, Marceau pleuré de l'ennemi ; c'était l'ouragan des batailles, le colérique Kléber qui sous son aspect terrible eut le cœur si humain et si bon ; c'était l'homme du sacrifice qui voulut toujours le devoir, et la gloire pour lui jamais, qui la donna souvent aux autres et même aux dépens de sa vie, l'irréprochable Desaix.... »

« Il fut donné à la France de trouver un chant qui répété de proche en proche a gagné toute la terre, cela est divin et rare d'ajouter un chant à la voix des nations il fut fut trouvé à Strasbourg. (Strasbourg!! ce nom qu'elle douleur pour Michelet s'il eut écrit quelques années plus tard!) Il fut trouvé à Strasbourg à deux pas de l'ennemi; le nom que lui donna l'auteur fut d'abord celui de Chant de l'armée du Rhin ; il alla frapper au fond du midi et Marseille répondit au Rhin. Sublime destinée de ce chant ! il est chanté des Marseillais à l'assaut des Tuileries ; il brise le trône au 10 août ; on l'appelle la Marseillaise ; il est chanté à Valmy, affermit nos lignes flottantes, effraie l'aigle noir de Prusse et c'est encore avec ce chant que nos jeunes armées enfoncent à Jemmapes les vieilles bandes autrichiennes endurcies aux guerres contre les Turcs. »

« Si ce n'était qu'un chant de guerre il n'aurait pas été adopté des nations. C'est un chant de fraternité ; ce sont des bataillons de frères qui pour la sainte défense du foyer, de la justice vont ensemble du même cœur. »

Le manifeste publié par le général en chef des coalisés, Brunswick, au moment de franchir la frontière, éclata le 25 juillet. Il y était dit que les alliés venaient mettre un terme à l'anarchie en France, sauver le trône, défendre l'autel, rendre au roi sa liberté et son pouvoir. Les habitants, qui oseraient se défendre, seraient punis comme rebelles et leurs maisons démolies et brûlées; si la ville de Paris ne mettait pas le roi en pleine liberté, les princes en déclaraient responsables sur leurs têtes, pour être jugés militairement, sans espoir de pardon, tous les membres de l'Assemblée nationale, du département, du district, de la municipalité, de la garde nationale; si le château était forcé ou insulté, les princes en tireraient une vengeance exemplaire et à jamais mémorable en livrant Paris à une exécution militaire et à une subversion totale.

En présence de cet insolent défi, monument d'un orgueil en délire et qui n'était fait que pour précipiter la chute des protégés de la coalition, une seule réponse était possible, l'insurrection ou la déchéance de Louis XVI. Quarante-sept sections de Paris sur quarante-huit réclamèrent la déchéance et, le 3 août, Pétion à la tête du corps municipal vint présenter à l'Assemblée la pétition de la Commune demandant le vote immédiat de cette mesure. La question fut ajournée au 9 août.

Pendant ce temps la lutte se prépare des deux côtés; l'insurrection s'organise ouvertement; Barbaroux amène ses cinq cents Marseillais; et arrivent les trois cents fédérés de Brest; d'un autre côté, les derniers défenseurs volontaires de la royauté s'enferment aux Tuileries où se trouve déjà le régiment des Suisses venus de Courbevoie, fidèle et solide milice dont quelques-uns avaient été envoyés à Gaillon où le roi pouvait trouver au besoin un asile.

C'est à Paris, dit alors Vergniaud, qu'il faut assurer le triomphe de la liberté ou périr avec elle, et c'est Danton qui se chargea de l'exécution. La royauté, toujours aux Tuileries, était le point de ralliement des ennemis de la Révolution ; c'est dans les Tuileries qu'ils furent attaqués ; c'est là qu'on vainquit d'abord les Prussiens.

Il ne peut être donné place ici au récit de la journée du 10 août dans tous ses détails ; résumons le rapidement.

Aux Tuileries, nous l'avons dit, de sérieux préparatifs de défense avaient été faits ; on comptait non seulement sur les Suisses et sur les défenseurs volontaires du roi, nobles ou constitutionnels, mais encore sur les bataillons de garde nationale réunis dans le jardin et au Carrousel avec leur artillerie. Le commandant en chef Maudat les avait choisis parmi ceux que l'on regardait comme fidèles à la royauté constitutionnelle ; il avait également fait garder les passages de l'Hôtel-de-Ville et les ponts par lesquels auraient pu arriver les insurgés des faubourgs Saint-Antoine et Saint-Marceau.

Dans la soirée du 9 août, les assemblées des sections votent la déchéance et délèguent chacune trois commissaires qui se rendent à l'Hôtel-de-Ville, se substituent à la municipalité, se constituent en conseil général de la Commune, mandent le maire Pétion retenu aux Tuileries jusque-là comme un otage et le commandant général qui est arrêté, conduit en prison et massacré. A minuit, le tocsin sonne aux Cordeliers, tout auprès de la demeure de Danton et de Camille Desmoulins; les insurgés des faubourgs se réunissent armés de piques et de fu-sils, dans la rue Saint-Antoine, sous les ordres de Santerre et de Westermann, l'homme de Danton, et au faubourg Saint-Marceau; devant eux stationne la garde nationale. Peu à peu ils s'ébranlent et vers huit heures se mettent en marche sur les Tuileries sans rencontrer de résistance, car la nouvelle Com-mune a donné l'ordre de cesser de défendre les ponts et l'Hôtel-de-Ville.

On avait eu, pendant ce temps, aux Tuileries la fâcheuse idée de faire passer en revue par le roi les bataillons de garde nationale; sur tout le trajet il avait été reçu aux cris de : Vive la nation! et pres-que aussitôt les artilleurs du Carrousel et les gardes nationaux, déjà irrités des défiances des défenseurs volontaires de la cour et laissés sans chef par le dé-part de Maudat, se débandaient et abandonnaient presque tous le château.

A ce moment arrivent les premières bandes d'in-surgés; le procureur général du département, Rœ-derer, conjure le roi de quitter les Tuileries; son avis est écouté et la famille royale, escortée de gar-des nationaux, sort du château pour n'y jamais ren-trer, traverse le jardin des Tuileries et prend place dans la salle où siégeait alors l'Assemblé, sur l'em-placement de la terrasse des Feuillants et de la rue de Rivoli.

La foule des insurgés envahit la cour des Tuileries et le vestibule du château; les Suisses, rangés au haut de l'escalier, font sur elle une décharge épou-vantable, opèrent une sortie et poursuivent les fuyards sur le Carrousel; ils peuvent se croire vainqueurs et se préparent à marcher sur l'Assemblée pour délivrer le roi; mais alors arrivent les véritables troupes de l'insurrection, Marseillais et Brestois en tête, par la rue Saint-Honoré et le Louvre, par les quais avec du canon. Les Suisses refoulés dans le château se défendent en tirant par les fenêtres; ils sont forcés, poursuivis dans leur retraite à travers le jardin et mis à mort en grand nombre.

A l'Assemblée l'émotion avait été à son comble; au bruit de la première décharge des Suisses on avait cru à leur victoire; alors députés, citoyens des tribunes, journalistes, tous se lèvent jurant de mourir pour la liberté, en présence du roi isolé, resté seul en face la nation dans cette assemblée, mais que le hasard des combats pouvait encore couronner.

Après toute une longue journée de séance, l'Assemblée, présidée par Vergniaud, prononce la suspension des pouvoirs du roi, ordonne la convocation d'une Convention nationale, chargée de donner une constitution à la France, et délègue le pouvoir exécutif au ministère nommé par elle, composé des anciens ministres Girondins : Roland, Servan et Clavière, de Monge et Lebrun et de Danton qui ne tarda pas à tenir la première place durant l'interrègne. La famille royale devait être logée au Luxembourg ; elle fut le lendemain enfermée au Temple.

II

Les sept semaines qui s'écoulent du 10 août à la réunion de la Convention ont vu la crise la plus

redoutable de ces années si violemment tourmen-
tées de la Révolution. L'Assemblée législative n'avait
plus qu'un pouvoir éphémère, mais le garderait-elle
encore assez pour le transmettre à ses héritiers ; on
pouvait en douter en présence de la fermentation
inouïe des esprits sans cesse entretenue par les
violentes attaques de la presse, accusant tour à tour
les députés de vouloir rétablir Louis XVI, proclamer
roi le duc d'Orléans ou même Brunswick, exaspérée
surtout par les trahisons ou les défaillances qu
livraient nos frontières à l'ennemi et dont les com-
plices, vrais ou supposés, étaient sans cesse dénoncés
dans Paris même aux vengeances populaires. En
face de l'Assemblée s'était dressée la dictature de
la Commune révolutionnaire du 10 août; le pouvoir
exécutif incertain et flottant, comme celui de
l'Assemblée dont il était issu, en était réduit aux
éloquentes mais stériles protestations de Rolland et
ne se soutenait que par les concessions de Danton
au Conseil général de la Commune et à son comité
de surveillance qui s'était formé de ses membres les
plus violents, dans lesquel s'était introduit, sans
aucun titre, Marat sorti de la cave où il s'était caché
avant le 10 août et porté à grand bruit à l'Hôtel de
ville, le front ceint de lauriers, dans la soirée de cette
journée, par une troupe en délire.

Les séances de l'Assemblée, après le 10 août, sont
occupées sans cesse des petitions impérieuses de la
Commune qui le plus souvent décrétait de sa propre
autorité les mesures les plus violentes. Après avoir
envoyé à la prison de l'Abbaye les officiers Suisses
prisonniers du 10 août, elle réclama la punition des
vaincus : un tribunal vengeur? un massacre? Marat

eut préféré cette dernière solution. L'Assemblée par la bouche de Thuriot, un ami de Danton, répondit par ces nobles paroles : « La Révolution n'est pas seulement à la France ; nous en sommes comptables envers l'humanité. » Et Danton lui-même : « Où commence l'action de la justice, là doivent cesser les vengeances populaires. » L'Assemblée, pour éviter le massacre, créa un tribunal extraordinaire dont les juges devaient sortir de l'élection à deux degrés, chacune des sections de Paris nommant un électeur du second degré. Laporte, l'ancien intendant de la liste civile, le ministre des secrètes corruptions de la cour fut une des premières victimes. La Commune n'en réclama pas moins le transfert à Paris, pour y subir leur supplice, des prisonniers déférés précédemment à la haute Cour d'Orléans et menaça l'Assemblée d'une insurrection. Lacroix qui présidait répondit courageusement : « Nous avons fait notre devoir ; si notre mort est une dernière preuve pour en persuader le peuple, il peut disposer de notre vie. »

Le 25 août on apprit la capitulation de Longwy livré aux Prussiens par un commandant royaliste ; Le 27 eut lieu la fête funèbre des morts du 10 août, la fête de la vengeance ; la fureur contre les traîtres, la crainte trop justifiée des représailles envers tous ceux qui avaient pris part à la Révolution ou y avaient applaudi, et le nombre en était immense, si les émigrés rentraient dans Paris, dominaient tous les esprits. Danton fut alors la voix de la Révolution quand il s'écria : « Le tocsin qu'on va sonner n'est point un signal d'alarme ; c'est la charge sur les ennemis de la patrie. Pour les vaincre il nous faut de l'audace, toujours de l'audace et la France est sauvée. » L'Assemblée enthousiasmée par ces paroles enflammées décréta la fermeture des barrières, des visites domiciliaires pour saisir toutes les armes, la peine de mort contre ceux qui refuseraient de servir personnellement et contre ceux qui, directement ou indirectement, refuseraient d'obéir aux ordres du gouvernement ou en entraveraient l'exécution. La Commune, de son côté, prenait des mesures qui excédaient les limites de ses pouvoirs même les plus excessifs; elle faisait afficher aux portes des prisons les noms des prisonniers, imprimait la liste des électeurs aristocrates, mandait des journalistes à sa barre, prononçait la peine de mort contre les vendeurs d'argent.

L'Assemblée répondit en ordonnant, le 30 août, de nouvelles élections; mais elle céda aux impérieuses réclamations que Tallien, secrétaire général de la Commune, vint faire entendre à sa barre et rapporta son décret, le 1er septembre, sous le coup de la menace des événements que cet acte de faiblesse ne put empêcher.

Le lendemain se leva sur Paris l'aurore sanglante du 2 septembre; c'était un dimanche; le bruit de la prise de Verdun, encore prématuré, se répandit dans la population; Verdun était seulement investi; mais, cette ville prise, aucun obstacle ne semblait plus devoir arrêter l'ennemi dans sa marche sur Paris. Le Conseil général de la Commune se réunit, ordonna que le canon d'alarme serait tiré d'heure en heure et se sépara abandonnant en fait la direction des événements à son comité de surveillance où dominait Marat et sur qui pèse la responsabilité dès crimes qui ensanglantèrent les prisons de Paris durant ces lugubres journées des 2, 3 et 4 septembre. Que ce soit un accès d'effroyable délire ou le fruit d'une infernale préméditation, l'histoire l'a discuté ; mais le crime a cruellement pesé sur la Révolution ; il a divisé à jamais des hommes qui auraient pu lui dévouer toute leur énergie ; comme toutes les Saint-Barthélemy, il est devenu pour les contemporains et restera pour la postérité, un objet d'horreur et une arme d'épouvante, même contre les partis qui n'en peuvent être rendus comptables ; la mémoire de Danton, parce qu'il eut la faiblesse de paraître l'approuver, en demeure obscurcie, et, pour le malheur de la Révolution, l'union en fut pour toujours brisée entre lui et les premiers fondateurs de la République.

Il paraît d'ailleurs bien établi que le peuple de Paris, les insurgés du 10 août notamment, ne prit aucune part à ce massacre qui fut l'œuvre d'un petit nombre de forcenés ; la stupeur où fut plongée la capitale en est d'ailleurs la preuve. Il fallut quelque temps à tous pour se ressaisir. L'Assemblée, restée sans force en face des massacreurs, réduite à écouter les protestations courageuses du ministre de l'intérieur Roland, et les rapports de ses commissaires sur leurs inutiles missions dans les prisons, l'Assemblée, dans la séance du 4 septembre, jura de n'accepter aucune royauté et délégua plusieurs de ses membres auprès des sections où ils furent reçus avec bonheur ; en même temps le Conseil général de la Commune applaudissait Pétion s'élevant contre ceux qui demandaient d'autres victimes et allant fermer lui-même la prison de la Force. Les massacres cessèrent dans Paris; ils se répétèrent hélas! à Reims, à Lyon, à Meaux et surtout à Versailles, sous le coup des mêmes excitations parties de Paris.

La situation était cependant vraiment terrible; les bruits de massacre recommençaient; Marat demandait chaque jour qu'on égorgeât l'Assemblée et même la Convention qui n'existait pas encore; il fallut que le Conseil général de la Commune, révolté enfin, prononçât la dissolution de son comité de surveillance et, par conséquent, l'expulsion de Marat de l'Hôtel-de-Ville. Mais Verdun était tombé au pouvoir des Prussiens; le conseil de défense avait capitulé sous la crainte du bombardement malgré l'héroïque commandant Beaurepaire qui tint son serment de mourir plutôt que de se rendre et se brûla la cervelle devant ceux qui décidaient la capitulation. Thionville fut investi à son tour, Thionville auquel les Allemands, ses nouveaux maîtres, ont enlevé son nom glorieux, inséparable dans notre histoire de celui de Merlin, le vaillant compagnon de Kléber, le député qui avait fait décréter la guerre aux rois et la paix aux nations. Mais Thionville montra plus de fermeté que Verdun et fit mettre sur ses remparts un cheval de bois avec cette inscription : « Quand ce cheval mangera du foin, les Prussiens entreront dans Thionville. »

La France n'en était pas moins ouverte et Dumouriez ne commandait qu'une armée insuffisante et désorganisée sur laquelle lui-même n'osait compter; son génie fut à la hauteur du danger; montrant du doigt sur la carte la forêt de l'Argonne, il avait dit : « Voilà les Thermopyles de la France, et,

plus heureux que Léonidas, je serai vainqueur. »
Il tint parole et, le 20 septembre, la veille du jour où
devait s'ouvrir la Convention, la bataille de Valmy
sauva la France de ses ennemis extérieurs.

Il y fut puissamment aidé par la France elle-
même : « Non jamais, a dit Louis Blanc, nation ne
se sentit mourir avec une plus grande résolution de
vivre. » Jamais autant d'héroïsme, de dévouement,
de sacrifice, ne fut inspiré par autant d'amour de
la patrie insolement provoquée, par un sentiment
aussi exalté de la justice et de la liberté menacées.
Les dons patriotiques se multipliaient à l'Assemblée
et sur tous les points du territoire ; chaque jour, dix-
huit cents volontaires partaient de Paris ; il y en eut
jusqu'à vingt mille ; dans les églises transformées
en ateliers, des milliers de personues travaillaient
sans relâche aux tentes et aux équipements militai-
res. Un élan unanime portait la France à la guerre
et Vergniaud en fut l'interprète inspiré, trois jours
avant Valmy, quand il s'écriait : « Qu'importe la vie
aux représentants du peuple quand il s'agit de son
salut? Quand Guillaume Tell ajusta la flèche pour
abattre la pomme sur la tête de son enfant, il dit :
« Périssent mon nom et ma mémoire pourvu que la
« Suisse soit libre ! » et nous aussi nous disons : Pé-
risse l'Assemblée nationale pourvu que la France
soit libre ! »

Sous le coup de cette adjuration, l'Assemblée
vota des mesures énergiques pour assurer la sécurité de ses successeurs, pour le rétablissement de
l'ordre dans Paris, et put arriver pacifiquement au
dernier jour de son existence.

III

Les élections à la Convention nationale s'étaient poursuivies pendant la crise. Les assemblées primaires, composées pour la première fois de tous les citoyens français sans condition de fortune ou de cens, avaient élu les électeurs du second degré qui, réunis à leur tour, avaient procédé séparément et par scrutins successifs à l'élection des députés de leur département. A Paris les vingt-quatre élus, sauf le dernier, appartenaient au parti qu'on appela plus tard les Montagnards; c'étaient les deux Robespierre, Billaud-Varenne, Collot d'Herbois, Legendre, le peintre David, Danton et ses amis, Camille Desmoulins, Fabre d'Églantine, Fréron, Hérault de Séchelles; mais sous le coup de la terreur de septembre avaient été aussi élus Marat, Panis et Sergent; enfin Philippe d'Orléans, devenu Philippe Égalité. Parmi les députés des départements appelés dans le même parti à un rôle célèbre, c'étaient : Saint-Just, Couthon, Merlin de Douai, Chénier, Barère, Tallien, Barras, l'abbé Grégoire. De l'autre côté, auprès des grands orateurs de la Gironde à l'Assemblée législative, venaient prendre place d'illustres recrues : Louvet, Lanjuinais, Buzot, Barbaroux, Rabaut-Saint-Étienne, Pétion, Ducos, l'abbé Fauchet et Lanthenas, ce dernier né et élu au Puy, élu aussi à Lyon par l'appui de Roland, lui-même député de la Somme; au centre beaucoup d'inconnus, arrivés avec l'horreur du sang de septembre, tout prêts à se ranger aux côtés de la Gironde, jusqu'à ce qu'ils fussent l'appoint d'une autre majorité pour devenir eux-mêmes prépondérants aux derniers jours de la Convention, Boissy d'Anglas, Cambacérès, Thibaudeau, Durand-Maillanne, et, caché parmi eux, Sieyès, un illustre débris de l'Assemblée Constituante.

Le département de la Haute-Loire avait sept députés à élire ; les électeurs du second degré procédèrent à cette opération du 2 au 6 septembre ; dans les divers scrutins qui se succédèrent, le nombre des votants le plus élevé fut de trois cent trente-quatre et les élus réunirent environ les deux tiers des suffrages. Un seul d'entre eux occupe une place dans l'histoire générale ; c'est Camus, l'ancien constituant ; aucun lien ne paraît l'avoir jamais rattaché à la Haute-Loire, avant cette élection due sans doute uniquement à la célébrité que son nom avait acquise à la Constituante où il avait fait adopter la suppression des titres de noblesse et la constitution civile du clergé. Janséniste austère, républicain enthousiaste, il fut envoyé en mission à l'armée de Dumouriez en mars 1793. Son intrépidité ne se démentit pas devant le général qui le livra lui et ses collègues aux Autrichiens, ni pendant sa dure captivité devant de fréquentes menaces de mort. Il fut échangé au bout de trente-trois mois contre la fille de Louis XVI, devint président du Conseil des Anciens, membre de l'Institut et directeur des archives nationales dont le premier dépôt fut créé par lui. Cet inflexible républicain ne voulut pas adhérer au 18 Brumaire. C'est un honneur pour notre département de l'avoir eu pour représentant. Et cependant un de ses collègues, Reynaud, dans une lettre du

23 février 1793, le dénonce amèrement pour son indifférence à l'égard des affaires du département et son attitude, sans doute trop modérée, à son gré, dans les affaires publiques.

Les six autres députés de la Haute-Loire se divisèrent presqu'aussitôt en deux groupes d'opinion différente. D'un côté Reynaud, Faure, Rongier et dans une certaine mesure, Delcher, siégeant avec les Montagnards, de l'autre côté, Bonnet et Barthélemy, votant avec la Gironde. Faure écrit à la Société populaire du Puy, en juin 1793, qu'unis de sentiments, Reynaud, Rongier et lui, ils ont voulu être unis de demeure et habiter dans la même maison. Reynaud avait été maire du Puy en 1790, puis membre de la Législative. Faure, avocat à Yssingeaux, envoyé comme Reynaud en mission dans la Haute-Loire et aussi dans la Meurthe, fut plus tard député aux Cinq-cents et au Corps législatif. Il mourut greffier du tribunal de Saint-Jean-de-Losne. Rongier, cultivateur à Flageas ou Flaghac, ancien membre de la Législative, donna sa démission le 1er octobre 1793 et fut alors remplacé par Lemoyne, de Dunières, député suppléant.

Delcher avait siégé, lui aussi, à la Législative, et fut plus tard député au Conseil des Anciens. Il devint président du tribunal de Brioude sous le Consulat ; son oncle était l'évêque constitutionnel élu de la Haute-Loire.

Barthélemy, avocat au Puy avant la Révolution, en avait embrassé le parti avec ardeur et s'était enrolé parmi les volontaires. Il fut élu premier suppléant à la Convention et remplaça aussitôt Lanthenas qui avait opté pour le département de Rhône-et-

Loire ; il siégea ensuite aux Cinq-cents et fut exilé en 1816 comme régicide, en vertu de la loi dite d'amnistie. C'est le seul de nos représentants à qui elle ait été appliquée dans toute sa rigueur et qui soit mort en exil.

Bonnet, avocat au Puy, fils du Constituant Bonnet de Treyches, élu juge de paix à Monistrol, puis représentant à la Convention, fut proscrit avec les Girondins, obligé de fuir, brûlé en effigie au Puy, et ne rentra à la Convention qu'après le 9 thermidor ; il fut député aux Cinq-cents, au Corps législatif, à la Chambre des Cent-jours et mourut à Paris sous la Restauration. Il avait été, sous l'empire, administrateur de l'Opéra et cette période de sa vie a fait l'objet d'une fort intéressante étude de M. Henry Mosnier.

Les élections de la Haute-Loire furent bien conformes à l'état général des esprits dans les départements ; les élus étaient pris exclusivemeut parmi les hommes dévoués à la cause de la Révolution, trois d'entre eux siégeaient déjà à la Législative, deux autres appartenaient directemeut, ou par tradition, à la Constituante ; aucun d'eux n'aurait cédé quoi que ce fût des conquêtes de la Révolution, ni hésité à en combattre les ennemis. Un an auparavant, la constitution de 91, les eût peut-être satisfaits ; après le 10 août, la République s'imposait à leur esprit, sans doute comme la forme du gouvernement la plus rationnelle, à coup sûr comme la seule possible, la seule nécessaire dans les circonstances où se trouvait la France, alors qu'une tentative de restauration de la royauté et surtout une restauration de la royauté de Louis XVI eût immédiatement provoqué la guerre civile, si même elle eût pu se produire.

Il n'était donc pas douteux que la République sortirait des premières délibérations de la Convention. Serait-elle proclamée d'enthousiasme sans discussion, ou bien serait-elle adoptée seulement avec un ensemble d'institutions qui en assureraient la durée et la préserveraient de la dictature et de l'anarchie? C'est ce qu'on ne devait pas tarder à apprendre.

Le 20 septembre, les députés nouvellement élus au nombre de trois cent soixante-et-onze se réunirent dans une des salles du palais des Tuileries; ils déclarèrent qu'ils étaient en nombre suffisant pour se constituer, élurent Pétion pour leur président, et nommèrent secrétaires Brissot, Vergniaud, Lasource, Rabaud-Saint-Étienne et Camus, député de la Haute-Loire, tous appartenant au parti de la Gironde, sauf Camus. Le lendemain, 21 septembre, la Convention, toujours assemblée aux Tuileries, fit prévenir l'Assemblée législative qui vint immédiatement, avec son président, François de Neufchâteau, en tête, lui remettre solennellement ses pouvoirs. La Convention se rendit alors dans la salle du Manège où avaient siégé les précédentes législatures et qu'elle occupa jusqu'au jour où elle put s'installer aux Tuileries, dans ce palais disparu dans une autre révolution. Dès la première heure, Manuel posa la question de la royauté et sur cette parole de Grégoire : « L'histoire des rois est le martyrologe des nations », fut rendu le décret suivant : « La Convention nationale décrète que la royauté est abolie en France. » Le vote fut unanime; la République se trouva ainsi proclamée au milieu des applaudissements des députés, des tribunes et bientôt de Paris entier ; le nom de République ne fut cependant officiellement inséré dans la loi que le lendemain par un décret rendu sur la proposition de Billaud-Varenne, fixant au 22 septembre le point de départ d'une ère nouvelle et, le 25 septembre, la Convention décréta l'unité et l'indivisibilité de la République.

IV

A peine proclamée, elle était victorieuse de l'Europe. La nouvelle du combat de Valmy fut pour elle le don d'heureux avènement.

La fortune de la France s'était jouée durant quelques jours dans ces défilés de la forêt d'Argonne où Dumouriez avait marqué ses Thermopyles, seuls passages par lesquels les Prussiens, maîtres de Verdun, pouvaient pénétrer en Champagne. Il n'avait que vingt-trois mille hommes à opposer à quatre-vingt mille envahisseurs, Prussiens, Autrichiens, émigrés ; on voulait autour de lui qu'il se retirât sur Châlons ; il résolut de défendre pied à pied le territoire en attendant les renforts de Kellermann et de Beurnonville, Brave, spirituel, audacieux, cet homme qui avait dépensé sa vie dans les emplois inférieurs de l'armée ou d'une obscure diplomatie et qui finit par la trahison, eut son heure de génie militaire et de patriotique inspiration. Tous les partis avaient été unanimes pour le choisir et lui confier le salut du pays, malgré la haine que beaucoup lui portaient non sans motif. Il sentit la grandeur de sa mission ; il fut l'épée de la France et de la Révolution et, par son intelligence, son activité, la promptitude de ses décisions, son énergie à les exécuter, il se montra digne d'avoir été placé au premier rang au-dessus de ses supérieurs en grade et de ses égaux. Il le montra bien lorsque, malgré ses prévisions, les ennemis eurent franchi deux des passages de l'Argonne ; menacé d'être enveloppé, il se décida par une marche audacieuse de nuit à gagner le camp de Sainte-Menehould pour y joindre Kellermann et Beurnonville, perdant ainsi la route de Châlons et laissant l'ennemi entre la France et son armée, mais gardant le chemin de Metz et réunissant sous ses ordres cinquante-trois mille soldats campés sur les hauteurs de Valmy.

Le 20 septembre, à trois heures du matin, les Austro-Prussiens se déployèrent en face de l'armée française dont ils étaient séparés par un étroit ravin et bientôt s'engagea une furieuse canonnade qui ne cessa qu'à la nuit. Brunswick, surpris de la fermeté des troupes de Kellermann, ne voulait pas attaquer : « Nous ne nous battrons pas ici, » disait-il ; néanmoins le roi de Prusse, à deux reprises, ordonna de mener ses soldats à l'assaut des retranchements français ; deux fois ils furent repoussés et durent se replier.

L'affaire de Valmy ne fut pas une grande bataille ; elle eut cependant d'immenses résultats ; les jeunes armées de la France y montrèrent une force de résistance qui prouva leur valeur, qui confirma Brunswick dans ses dispositions prudentes et détermina le roi de Prusse à renoncer à s'avancer plus avant. Son armée était d'ailleurs dans la plus facheuse situation ; et puis, la fureur de réaction que les ennemis avaient déployée dans les provinces en-

vahies, la restitution des biens du clergé, le rétablissement de l'ancien ordre de choses ordonnés par
eux à Verdun, avaient exaspéré le patriostisme ; les
gardes nationales, les paysans se levaient de la
Marne au Rhin, sur les collines de la Meurthe et des
Vosges ; cette unanimité dans la défense de la France
et de la Révolution fut sans doute un des plus puis-
sants motifs qui précipitèrent la retraite des envahisseurs ; les Prussiens abandonnèrent Verdun, se
replièrent sur la frontière et, le 22 octobre, l'évacua-
tion de Longwy compléta la libération du territoire
sur notre frontière du nord-est.

Cependant la guerre continuait sur celle du nord.
Le 25 septembre Lille fut investie par les Autrichiens
et supporta jusqu'au 8 octobre un terrible bombardement, soixante mille bombes ou obus tombèrent
sur la ville, incendiée, à demi détruite, mais restée
debout dans l'indomptable fermeté de ses habitants ;
un boulet étant tombé sur l'Hôtel-de-ville et dans la
salle même où délibérait le conseil : « Nous sommes
en permance, » dit un de ses membres, et la délibération continua. L'âme vaillante des défenseurs
de la cité multipliait chaque jour ces traits d'héroïsme ; les assiégeants, désespérant d'abattre tant
de courage ; durent se retirer ; leur déroute et la
résistance de Lille eurent dans la France entière un
immense retentissement. Nous en gardons au Puy
un souvenir dans le nom donné alors à l'une de nos
rnes qui le conserve encore aujourd'hui.

En Alsace, Custine occupait les lignes de Wissem-
bourg ; il les franchit pénétra dans le Palatinat,
entra à Spire, arriva le 19 octobre devant Mayence
qui capitula le 21 ; le 22, ses lieutenants occupèrent

Francfort, le jour même où les Prussiens évacuaient Longwy ; la vieille féodalité ecclésiastique du Saint-Empire Germanique s'écroulait d'elle même à l'aspect des armées de la République ; la vallée du Rhin, la rue des prêtres, comme on disait au moyen âge, secouait le joug caduc de ses princes-évêques et cette terre où les émigrés avaient conspiré la ruine de la Révolution, en accueillait avec enthousiasme les principes et le drapeau, en attendant que la victoire de Jemmapes nous donnât la Belgique.

Sur les Alpes deux provinces devenaient françaises ; la Savoie qui nous avait toujours appartenu par la langue et par les mœurs tandis que la famille de ses princes devenait de plus en plus italienne, s'empressait, à l'approche de notre armée, de renverser son gouvernement despotique et le général de Montesquiou entrait à Chambéry le 24 septembre, accueilli en libérateur par les autorités et par les habitants de cette ville.

Au même moment, le général Anselme recevait la soumission de la ville et du comté de Nice.

Voilà les conquêtes que la République naissante apportait à la France ; voilà comment sa puissance morale s'imposait du premier élan avec un si prodigieux ascendant ; les rois vaincus cédaient ; les peuples se donnaient à nous.

Ces brillants succès devaient être suivis de formidables revers. Les despotes, de plus en plus effrayés des défis que leur jetait la République, devaient bientôt se coaliser encore et cette fois, entraîner avec eux toute l'Europe, même l'Angleterre, destinée à devenir pour un quart de siècle notre implacable ennemie ; bientôt le royalisme soulèverait la Vendée et la Bretagne, les divisons des partis dans la Convention provoqueraient de cruelles guerres civiles. Paris en délire arracherait de leurs bancs les représentants du peuple, après que la trahison de Dumouriez aurait livré la Belgique avec la frontière du nord et donné à tous les partis un aliment à d'odieuses calomnies.

Pour résister à toute l'Europe, pour assurer le salut, il n'aurait même point suffi de retrouver le sublime élan de 1792 ; pour seconder dignement le génie militaire de Carnot il fallut déployer une implacable et farouche énergie ; l'honneur impérissable de la Convention, son titre de gloire indiscuté, c'est de l'avoir voulu, de l'avoir fait et d'avoir réussi. C'est d'avoir, par exemple, à l'approche de l'anniversaire de la proclamation de la République, décrété que cette date glorieuse ne verrait aucun point du territoire au pouvoir de l'ennemi et d'avoir été obéie.

Mais nous n'avons à raconter ni les revers et les triomphes des quatorze armées de la République, ni les orages sanglants de la Convention. Arrêtons-nous au seuil de la carrière de cette illustre Assemblée, la plus grande par l'action qui ait tenu entre ses mains les destinées de notre pays.

Hélas ! avant même de se réunir elle portait en elle de fatales divisions, encore alimentées par de cruels malentendus. Élus sous le coup de l'horreur des massacres de septembre, les députés des dépar.tements pour la plupart, les Girondins à leur tête, étaient trop disposés à en faire peser injustement la responsabilité sur Paris et sur sa députation tout entière, alors que Marat et deux ou trois autres en

étaient seuls coupables ; à leurs accusations de dictature et de triumvirat répondaient, non moins injus-
tifiées mais autrement mortelles, celles de royalisme
et de fédéralisme, imputées par les Montagnards, aux
plus anciens, aux plus convaincus promoteurs de la
République, Et cependant, pas un de ceux qui se
lançaient ces meurtrières accusations qui ne fût sincère dans son patriotisme, qui n'aimât cette République d'un amour exclusif et jaloux. Pour les uns
elle était la réalisation longtemps poursuivie d'un
idéal de justice et de liberté ; pour les autres, la plus
haute conception du gouvernement des hommes
et de la souveraineté du peuple ; pour tous la proclamation de l'ère nouvelle fut une heure d'enthousiasme et d'espérances infinies, d'illusions, si l'on veut,
mais telle qu'il faut des siècles aux nations pour en
retrouver de pareilles. Les Girondins dont la République avait été le premier rêve et dont elle fut, quelques mois plus tard la dernière pensée, plus que
tous les autres goûtèrent profondément la joie de
leur œuvre accomplie.

On raconte que rassemblés le soir chez Roland ils
célébrèrent dans un recueillement presque religieux
l'avènement de leur idée dans le monde. Leur historien, Lamartine, a retrouvé leurs émotions, leurs
paroles et jusqu'à leur attitude dans cette soirée
dont il termine ainsi le récit :

« Vergniaud, à la fin du souper, prit son verre, se
leva et proposa de boire à l'éternité de la République. Mme Roland, pleine des souvenirs de l'antiquité, demanda à Vergniaud d'effeuiller dans son
verre, à la manière des anciens, quelques roses du
bouquet qu'elle portait ce-jour là. Vergniaud tendit

son verre, fit nager les feuilles de rose sur le vin
et but ; puis se penchant vers Barbaroux, avant de
se rasseoir : « Barbaroux, lui dit-il à demi-voix, ce
« ne sont pas des roses mais des branches de cyprès
« qu'il fallait effeuiller ce soir. En buvant à une Ré-
« publique dont le berceau trempe dans le sang de
« septembre qui sait si nous ne buvons pas à notre
« mort ? — N'importe, ajouta-t-il, ce vin serait mon
« sang que je le boirais encore à la liberté et à
« l'égalité, — Vive la République ! s'écrièrent tous
« les convives. »

Sur les murs en ruine d'un château du Velay j'ai
lu, au-dessus d'une peinture allégorique aux trois
quarts effacée ces mots encore apparents : « NY
MESME LA MORT », et reportant ma pensée bien loin,
je ne sais comment, je me suis rappelé ces hommes
qui entraient, il y a un siècle, dans la salle du Manège des Tuileries, le 21 septembre 1792, et qui, dans
leur ardent amour de la patrie et de la République,
n'ont redouté ni les meurtrières calomnies, ni les
proscriptions, ni même la mort.

Le Puy, imprimerie Marchessou fils.